L'AUXILIAIRE
TOUTES LES MÉTHODES DE LECTURE

LE
RÉPÉTITEUR PHONIQUE

RECUEIL D'IMAGES SPÉCIALES
DONT CHACUNE RAPPELLE : 1° LA FORME
2° LA VALEUR D'UN ÉLÉMENT POLYGRAMME

PAR

J. MOTTOT

INSTITUTEUR, OFFICIER D'ACADÉMIE

AUTEUR D'OUVRAGES ADOPTÉS
pour les Ecoles primaires de Paris

2e Livret. — POLYGRAMMES

CHEZ L'AUTEUR
8, Rue Beudant (Batignolles)
PARIS

L'AUXILIAIRE

DE TOUTES LES MÉTHODES DE LECTURE

LE

RÉPÉTITEUR PHONIQUE

RECUEIL D'IMAGES SPÉCIALES
DONT CHACUNE RAPPELLE : 1° LA FORME
2° LA VALEUR D'UN ÉLÉMENT POLYGRAMME

PAR

J. MOTTOT

INSTITUTEUR, OFFICIER D'ACADÉMIE

AUTEUR D'OUVRAGES ADOPTÉS
pour les Ecoles primaires de Paris

2ᵉ Livret. — POLYGRAMMES

CHEZ L'AUTEUR

5, Rue Beudant (Batignolles)

PARIS

« Donner de la couleur de la forme aux pensées »

NOMENCLATURE

des *Images du Répétiteur phonique*

RAPPELANT :

Les Polygrammes, **oi, ou, on, an, en, in, un, ch, gn, ill.**	10 dessins.
Les Équivalences **au, eu, œ, ez, et, &, ai, w, ph.**	9 »
Les Exceptions, **ce, ci, ge, gi, que, gue, oin, ien.**	8 »
Ensemble	27 dessins.

GUIDE

POUR

L'EMPLOI DU RÉPÉTITEUR PHONIQUE

L'étude des éléments composés se fait comme celle des monogrammes.

1e On fait aux élèves une *leçon de choses* au sujet de l'image.

2° On leur fait remarquer les traits de ressemblance de l'image avec le composé correspondant que l'on énonce.

3° On nomme de nouveau l'image puis le composé.

4° On trace au tableau noir en écriture ordinaire le composé, ainsi que ses équivalents, s'il y en a, et on les fait reproduire successivement par chaque élève au-dessous du modèle, puis on fait retracer le tout, sur l'ardoise ou sur le papier.

5° On peut également faire reproduire nos images dont la plupart sont d'une grande simplicité de forme. Cet exercice intéressera les élèves, les attachera à l'étude et les préparera aux leçons de dessin qui leur seront données plus tard.

Noix

La **noix** est un fruit renfermé dans une coque dure que l'on casse au moyen d'un instrument appelé **casse-noix**. — Celui dont nous donnons ici le dessin et qui ressemble à des tenailles sert en même temps de casse-noisettes. — On doit éviter de casser ces fruits avec ses dents.

L'intérieur de la noix et de la noisette est une sorte d'amande bonne à manger et de laquelle on extrait, en l'écrasant, une huile assez estimée.

noix . . . . oi = *oi*

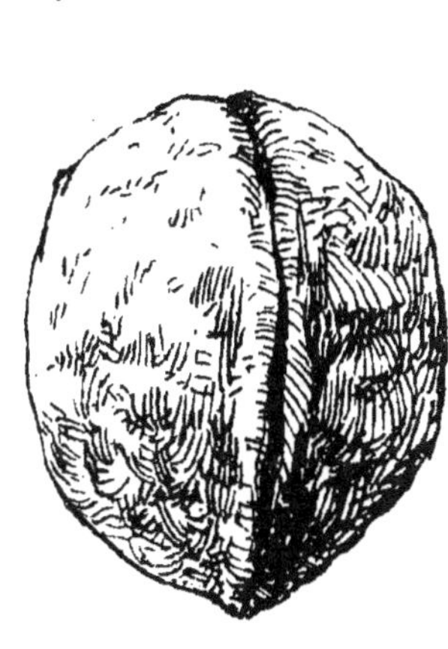

Noix et casse-noix. . .

oi

Roue

Chacun connaît l'appareil circulaire tournant autour de son **axe** et qu'on appelle **roue**.

A côté de la petite roue que nous représentons, se trouve le châssis sur lequel on la suspend pour la faire tourner.

rou . . . **ou**

EQUIVALENCES

ou = **hou**   *ou* = *hou*

Nota.— On tracera au tableau noir les équivalences que nous donnons ici et on les fera reproduire par chaque élève. On fera de même pour les leçons suivantes.

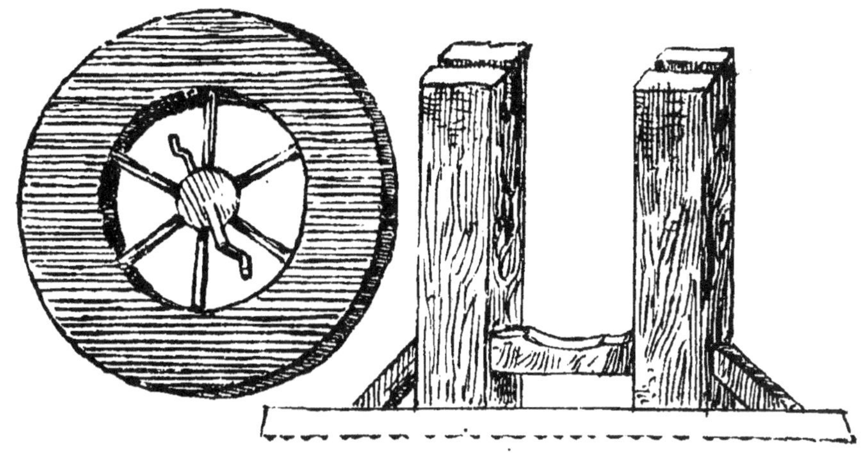

Roue. . . . . ou

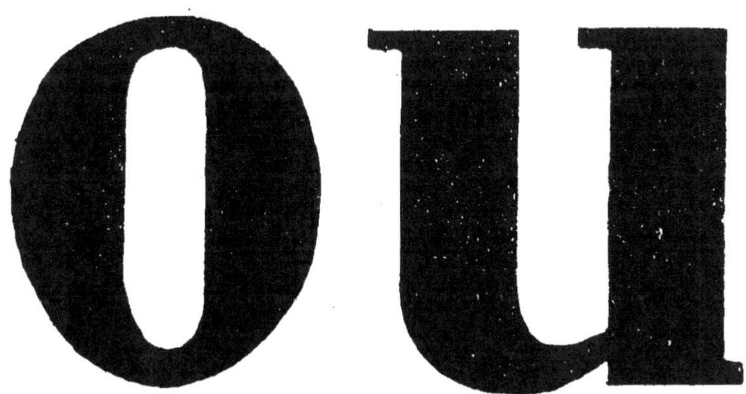

Citron

Le citron est un fruit à pépins de forme ovale et de couleur jaune pâle. Il est pourvu de deux écorces : l'une extérieure appelée **zeste**, l'autre intérieure appelée **ziste**. — La première écorce renferme un liquide d'une odeur particulière et qu'on emploie pour faire divers sirops. — L'intérieur du citron contient le jus dont on fait de nombreux usages dans l'alimentation. Étendu d'eau sucrée, ce jus constitue une sorte de limonade.

citron... on

ÉQUIVALENCES

on = hon		*on = hon*
om = hom		*om = hom*

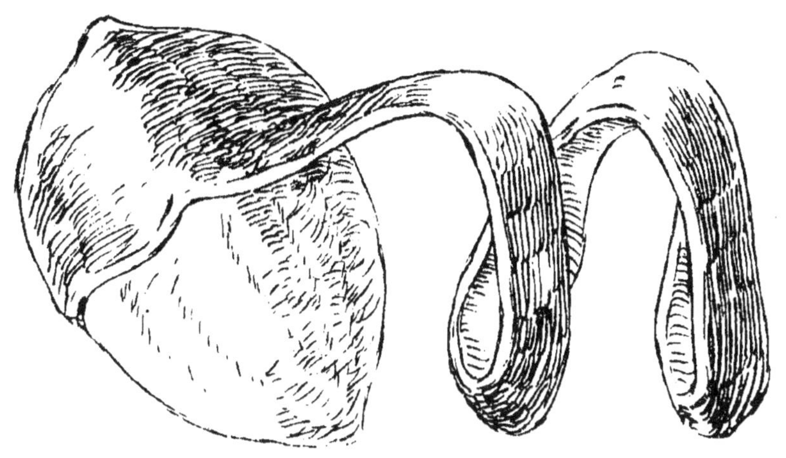

Citron. . . . . on

Ruban

Le **ruban** est un tissu ordinairement de soie, plat et mince, auquel on ne donne guère que quelques doigts de largeur.

Pour le conserver, on l'enroule autour d'une sorte de bobine.

La soie est produite par un petit insecte qu'on appelle pour cette raison **ver à soie**.

ruban... an

ÉQUIVALENCES

an = han		*an = han*
am = ham		*am = ham*

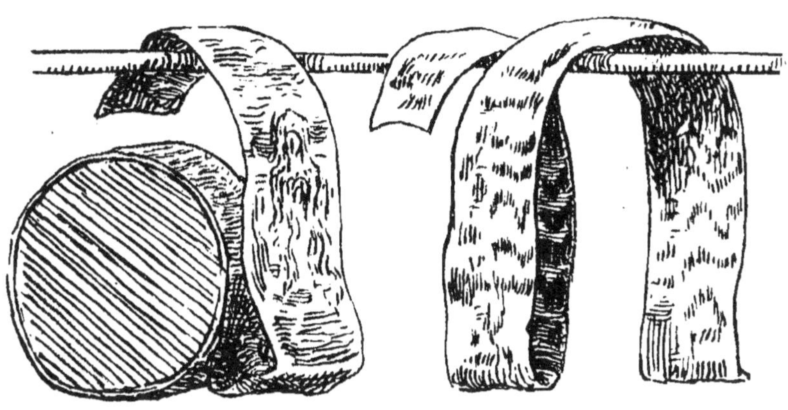

Rubans . . . an

Serpent

Le mot **serpent** s'applique en général à tout reptile allongé et sans pieds. Le serpent a, à l'extrémité de la langue, une sorte d'aiguillon appelé **dard**, avec lequel il se défend, en lançant du **venin** dans la plaie qu'il peut faire à celui qui l'approche et qui l'excite. — Il est prudent de ne pas s'exposer à la piqûre de ce reptile.

serpent. . en

ÉQUIVALENCES

en = hen = em ‖ *en = hen = em*

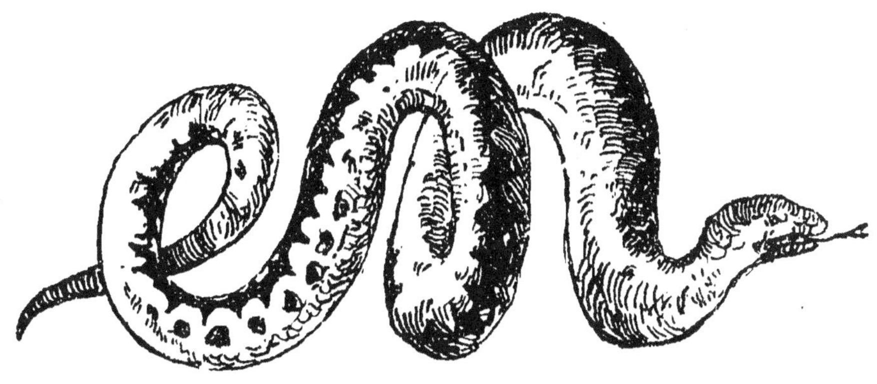

Serpent.... en

Pomme de sapin

Le **sapin** est un arbre toujours vert qui croît principalement sur les montagnes. Ses branches portent des espèces de pommes dont on se sert pour allumer les foyers. La tige ou tronc s'emploie beaucoup dans les constructions.

sapin... in

ÉQUIVALENCES

in = ain = ein || *in = ain = ein*
im = aim || *im = aim*

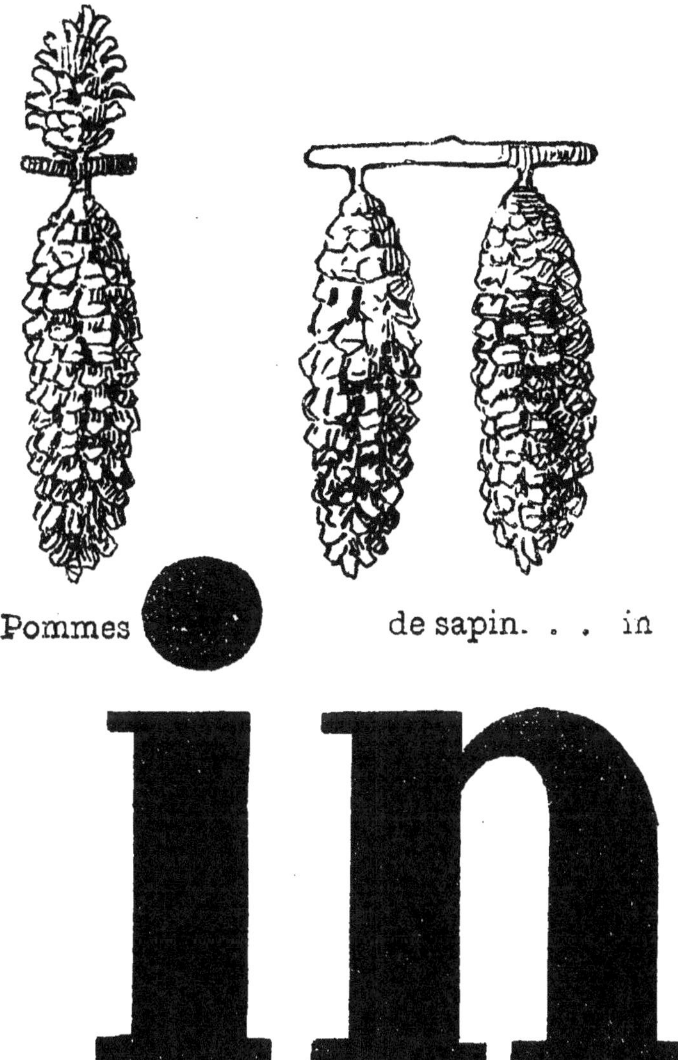

Pommes de sapin. . . in

in

Un

Le dessin que nous donnons ici représente le chiffre **1** répété quatre fois. Ces chiffres réunis deux à deux forment le polygramme **un**.

Le chiffre **1** est le type des lettres droites ou pleins. — On ne saurait trop recommander aux élèves de s'appliquer à tracer des pleins réguliers, ce qui procurera de la rectitude à leur écriture.

un

EQUIVALENCES

un = um = hum ‖ *un = um = hum*

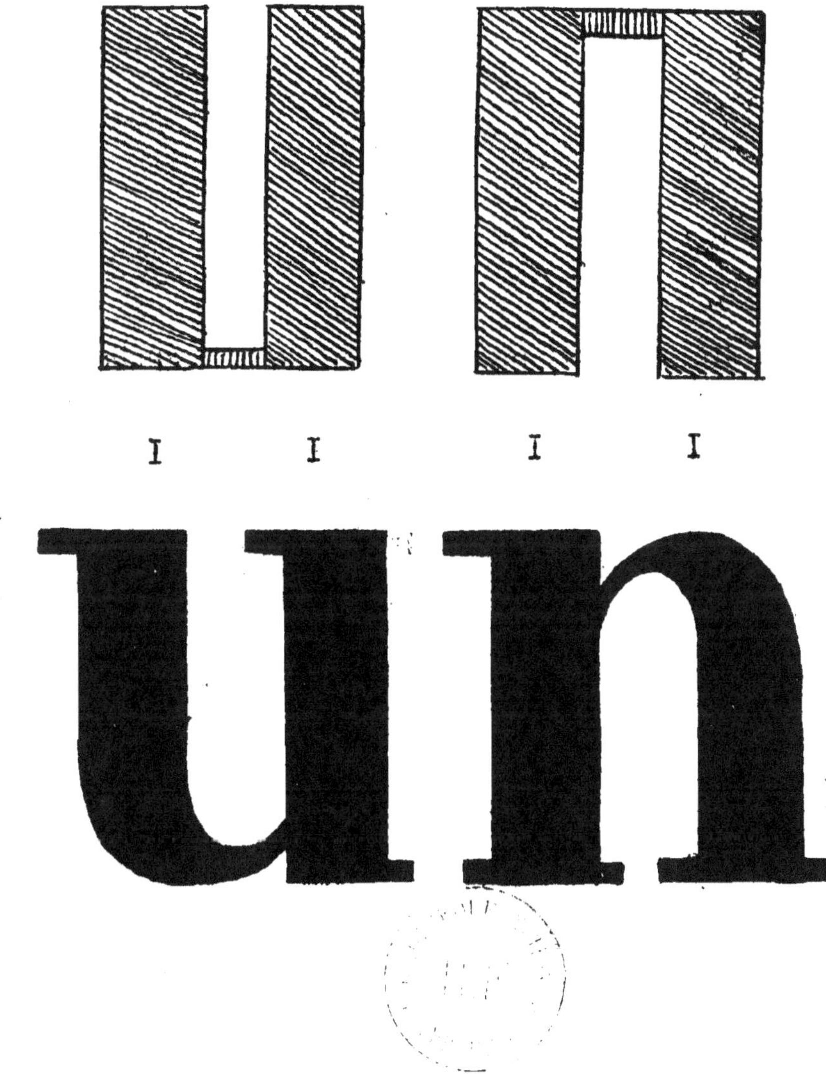

Hache

La **hache** est un instrument de fer tranchant qui a un manche et dont on se sert généralement pour couper ou fendre le bois.

Afin de rappeler la lettre **c** qui existe dans le composé **ch**, nous reproduisons ici une sorte de hache d'arme munie d'un crochet arqué.

hache... **ch** = *ch*

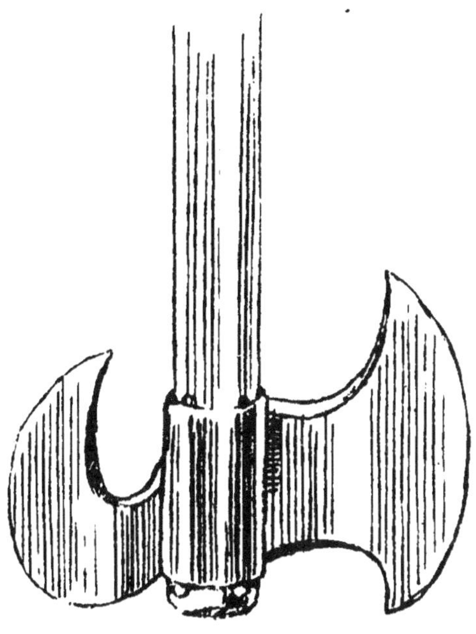

Hache . . . . . . ch^e

ch

Peigne

Le peigne est un petit ustensile qui sert à démê-
ler, à nettoyer ou à maintenir les cheveux.

Dans notre dessin, nous avons accompagné le
peigne d'un accessoire très utile, la brosse, qui sert
à nettoyer la tête, partie du corps dont on ne saurait
prendre trop de soins.

peigne... gn = gn

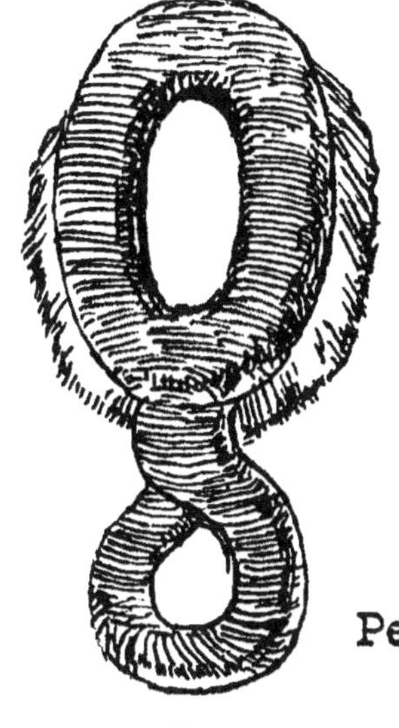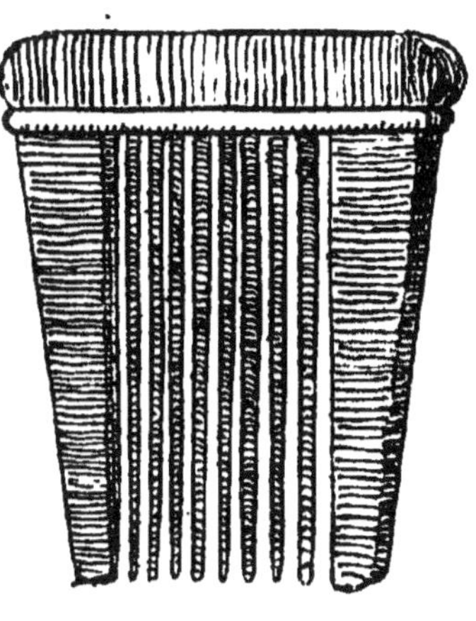

Peigne . . . . . . gn

Quilles

Les **quilles** sont des morceaux de bois arrondis, plus minces par le haut que par le bas, qu'on dresse en lignes pour les abattre avec une boule.

L'exercice du jeu de quilles est un divertissement utile et agréable; il développe les muscles et rend adroit et agile.

quilles... ill = *ill*

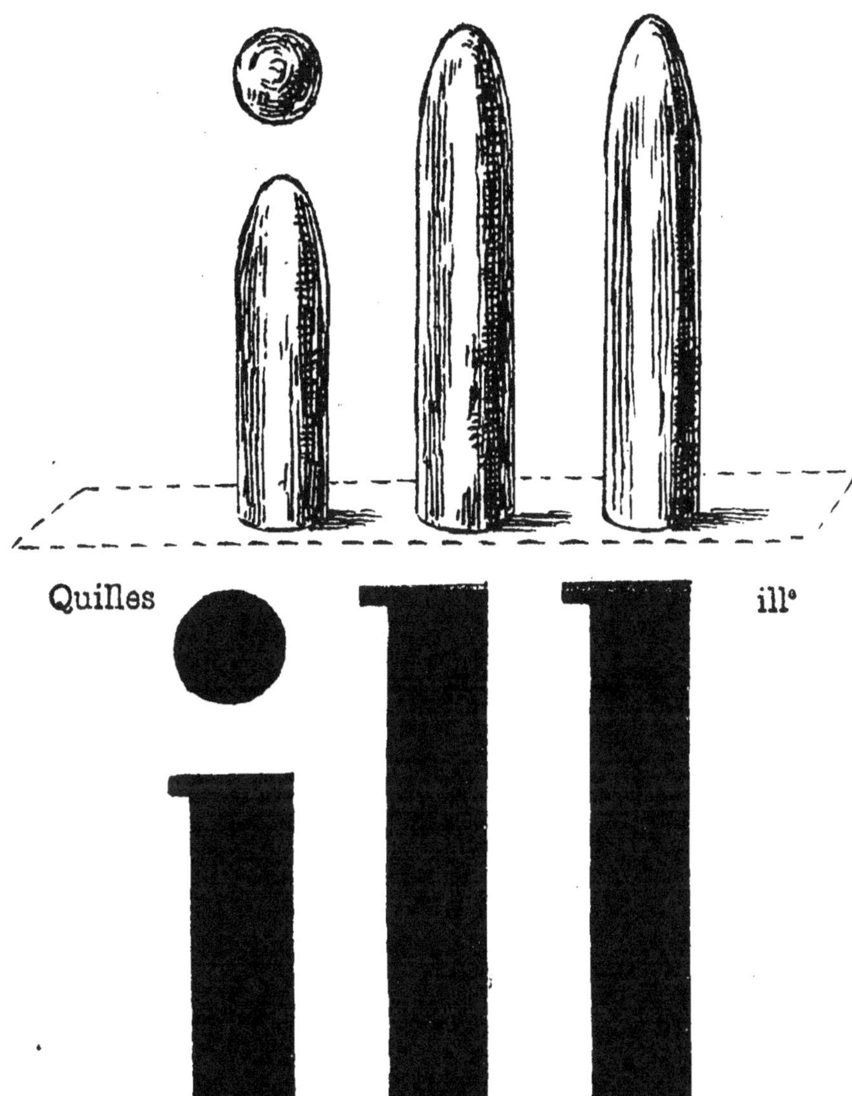

Quilles
ill°

Tuyaux

Le **tuyau** est un gros tube fait communément de fonte, de plomb, de bois ou de terre cuite, par où l'eau, l'air, la fumée, etc., peuvent trouver une issue.

On se sert généralement de tuyaux pour conduire l'eau des fontaines et éloigner l'eau des égouts; pour irriguer les prairies, pour aérer les appartements et diriger au dehors la fumée des poêles, etc.

tuyau...   au

ÉQUIVALENCES

au = hau = eau || au = hau = eau

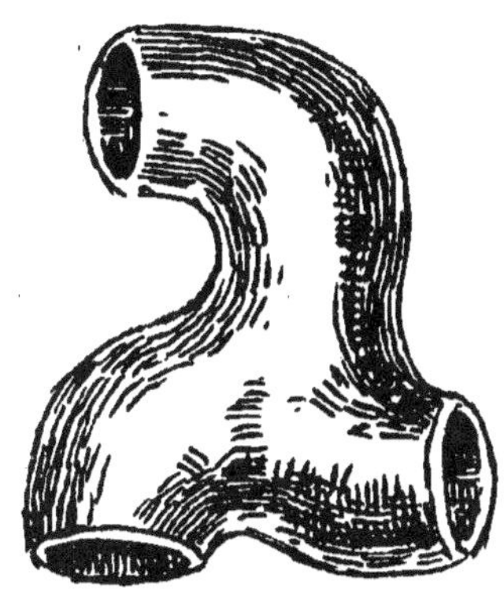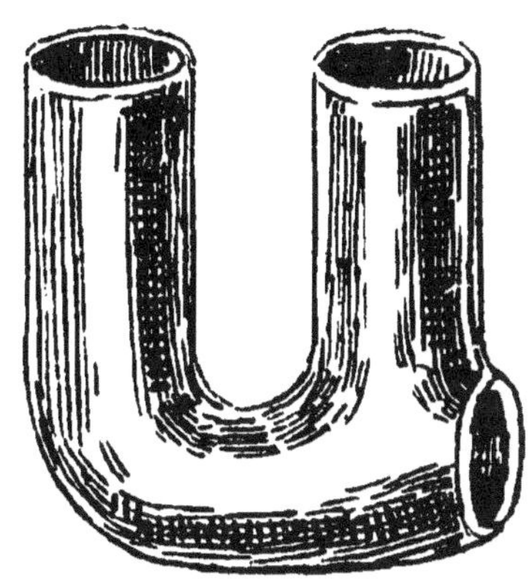

Tuyaux. . . . . . au

Cheveux

Les **cheveux** exigent beaucoup de soins et de propreté.

Les cheveux étant réunis en mèches se contournent facilement et prennent communément les formes que nous indiquons ici. Les cheveux sont de diverses couleurs. Dans la vieillesse ils deviennent blancs.

Un enfant bien élevé ne manque jamais de respect aux personnes plus âgées que lui, et surtout à celles dont les cheveux ont blanchi.

cheveux... eu

ÉQUIVALENCES

eu = heu | *eu = heu*

Cheveux. . . . . . . eu

Nœud

Le **nœud** est l'enlacement d'une corde ou d'un lien quelconque replié diversement sur lui-même.

Il y a différentes sortes de nœuds : le nœud simple, le nœud avec boucles, le nœud droit, etc.

Il sera bien de montrer aux élèves la manière de former et de défaire les nœuds les plus ordinaires.

nœud... œ = œ

Nœud . . . . . . œ

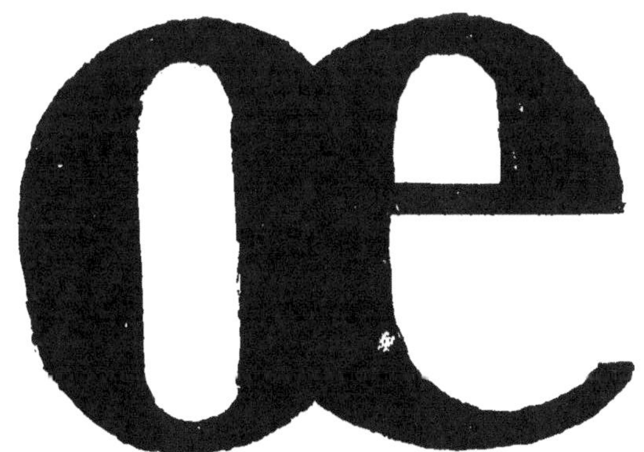

Clefs

La **clef** est un instrument ordinairement de fer, servant à fermer et à ouvrir une serrure.

On appelle aussi **clef** un instrument destiné à serrer et à desserrer les **écrous.**

On pourra se procurer ces deux sortes de clefs et l'on montrera aux élèves comment on se sert de l'une et de l'autre.

clefs . . é = ez = *ez*

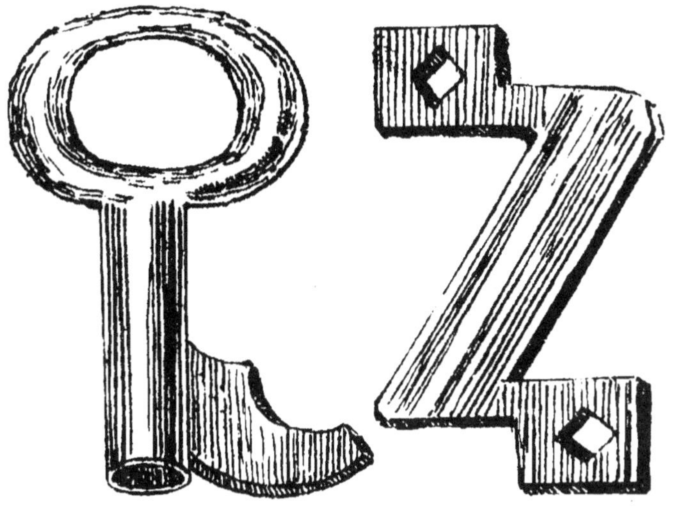

Clés . . . . . ez

Crochets

Le **crochet** est ordinairement un morceau de fer ou de bois recourbé qui sert à suspendre divers objets.

On fera remarquer aux élèves les traits de ressemblance de notre dessin des deux crochets avec les deux lettres e t qui, réunies, forment un composé dont l'expression se déduit du nom de ces deux objets.

crochets... et = *et*

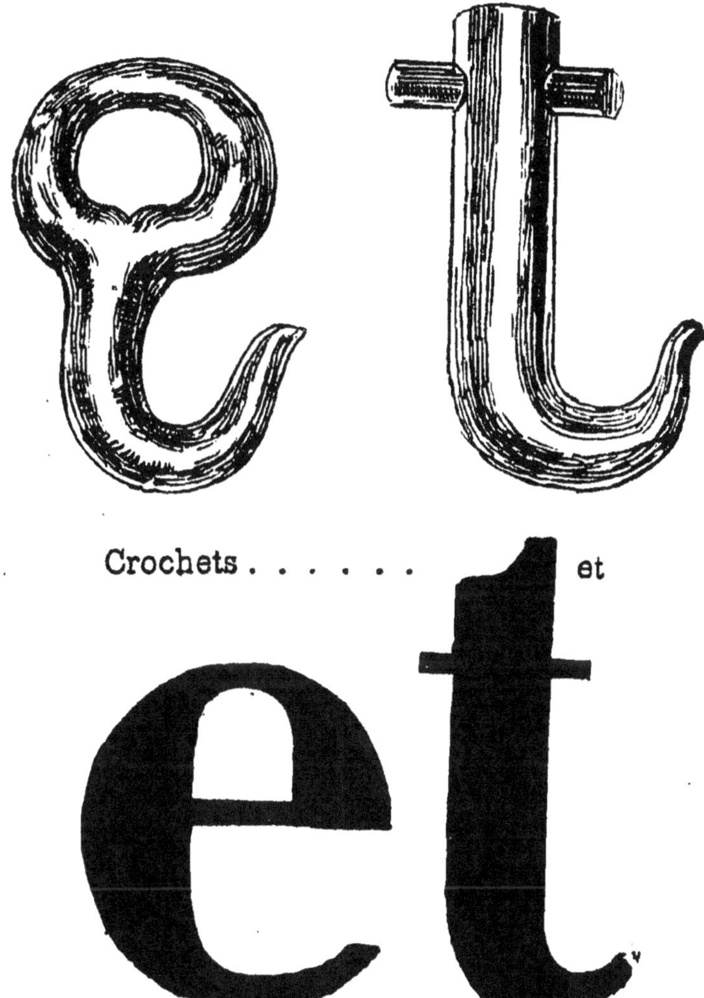

Crochets . . . . et et

Fouet

Le **fouet** est une petite corde attachée à un manche, et dont on se sert pour **donner** de l'élan aux animaux que l'on conduit.

Il ne serait pas bien d'en abuser pour rudoyer mal à-propos les chevaux, les bœufs, etc., pour lesquels on en fait fréquemment usage.

fouet... & = &

Ce signe & est une abréviation de **et**.

Fouet . . . . . . &

Balai

Le **balai** est un ustensile de ménage fait de petites tiges ou de crins, et servant à nettoyer les appartements.

A côté du balai se trouve une boîte destinée à recevoir les menus débris ou la poussière qu'on désire enlever.

balai... ai

ÉQUIVALENCES

ai = ei || *ai = ei*

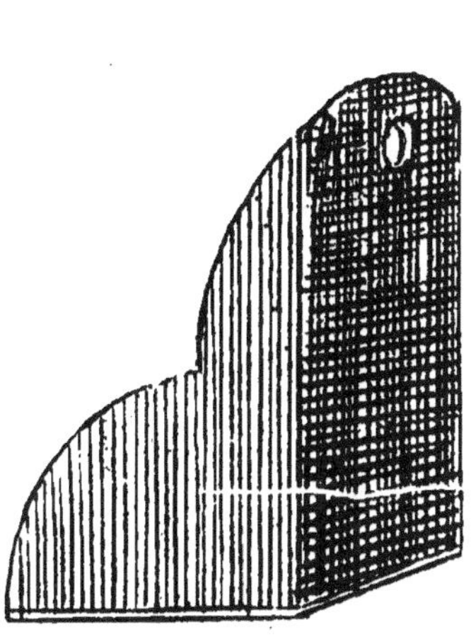

Balai . . . . .  ai

Clous

Chacun connaît la petite tige de métal pointue par un bout, relevée de l'autre en forme de coude, destinée à être plantée dans le bois, etc., et qu'on appelle **clou**.

Ces sortes de clous formant crochets servent à suspendre divers petits objets.

clous... w = w

Clous . . . . w

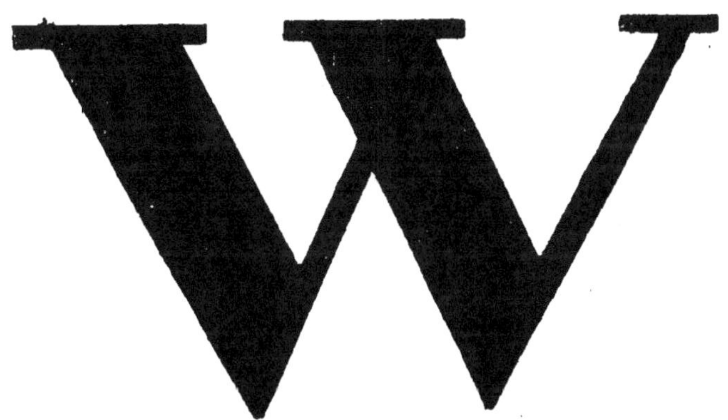

Griffes

On appelle **griffes** les ongles crochus des oiseaux et de certains animaux.

On rappellera ce qui constitue la différence entre les deux expressions **pattes** et pieds.

On fera remarquer que, dans le premier de nos dessins ci-contre, nous avons cherché à rappeler la forme de la pipe et, par suite, du **p**, lettre qui entre dans le composé **ph**.

griffes... f = ph — *ph*

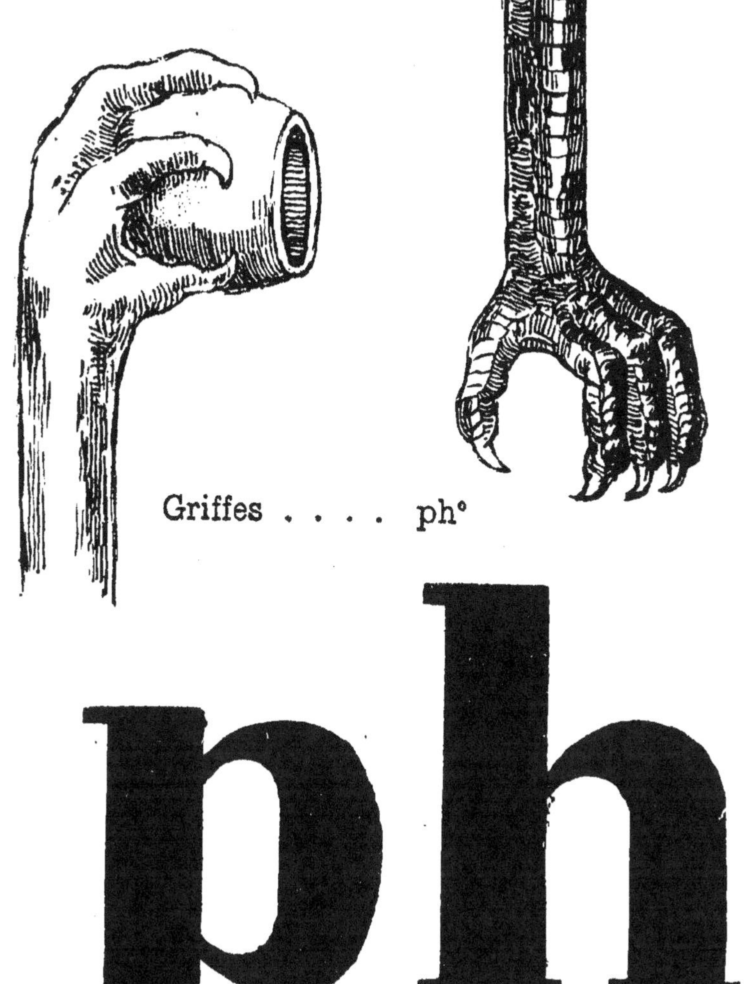

Griffes . . . . . ph°

ph

Tresse

La **tresse** est une sorte de ruban fait de petits cordons entrelacés en nombre impair.

On fait de la tresse avec des fils, des cheveux, etc. On se sert de la tresse pour de nombreux usages qui sont communément connus ; on en fait particulièrement des espèces de chaussures.

tresse... se — ce

APPLICATIONS

ce, cé, cè, cê   ‖   *ce, cé, cè, cê*

Tresse . . . . . . ce

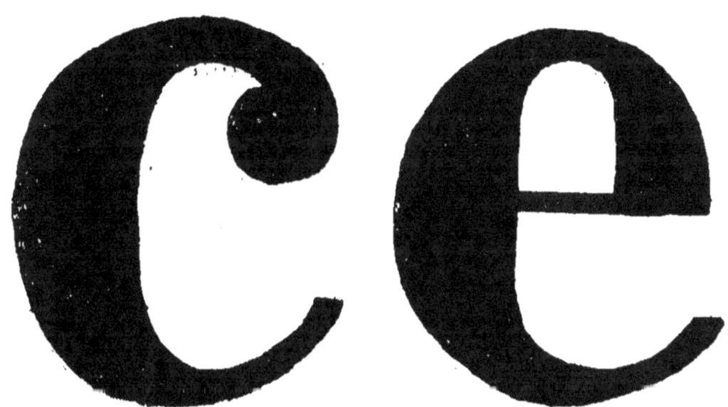

Scie

La **scie** est un instrument dont la partie essentielle est une lame de métal taillée en petites dents et qui sert à diviser le bois, etc.

L'outil que nous représentons ici est une scie à main. On fera remarquer que le bouton qui termine la lame et qui sert de poignée pour saisir la scie rappelle le point qui se trouve sur la lettre **i** dans le composé correspondant.

scie... ci

APPLICATIONS

ci cy $ci = cy$

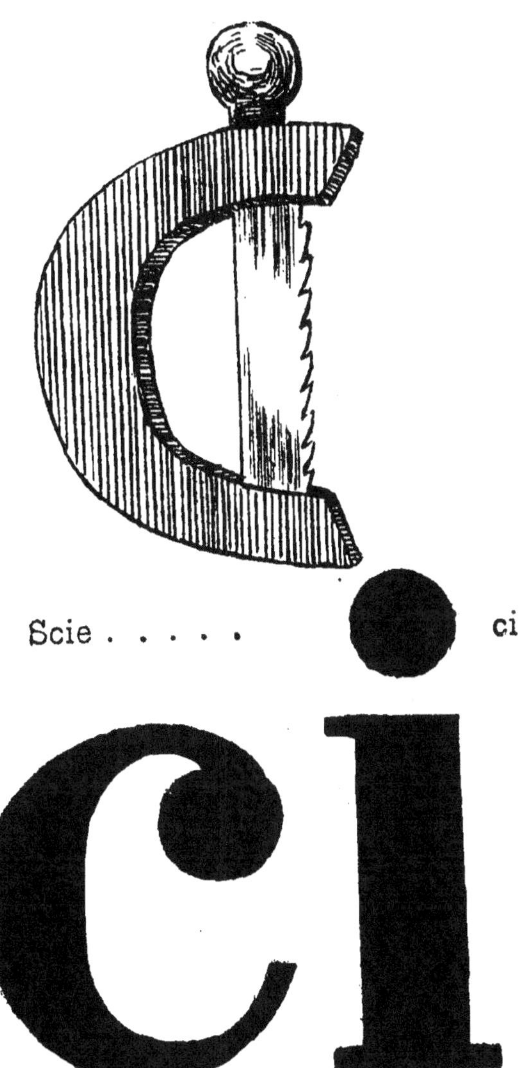

Scie ci

ci

Cordages

On appelle **cordages** de grosses cordes qui servent à la manœuvre des bateaux.

On fera remarquer, que la disposition des cordages que nous avons adoptée dans notre dessin se rapproche de la forme des deux lettres ge, dont l'expression sera donnée par la dernière consonnance du nom de ces objets.

cordage... ge

APPLICATIONS

ge, gé, gè, gê || *ge, gé, gè, gê*

Cordages . . ge

Bougie

La **bougie** est une sorte de chandelle composée en grande partie de cire.

La cire est extraite des ruches d'abeilles.

On fera remarquer que la chandelle est terminée par une boucle et que la bougie se termine par une mèche en pointe.

bougie... gi

APPLICATIONS

$$gi = gy \qquad \| \qquad gi = gy$$

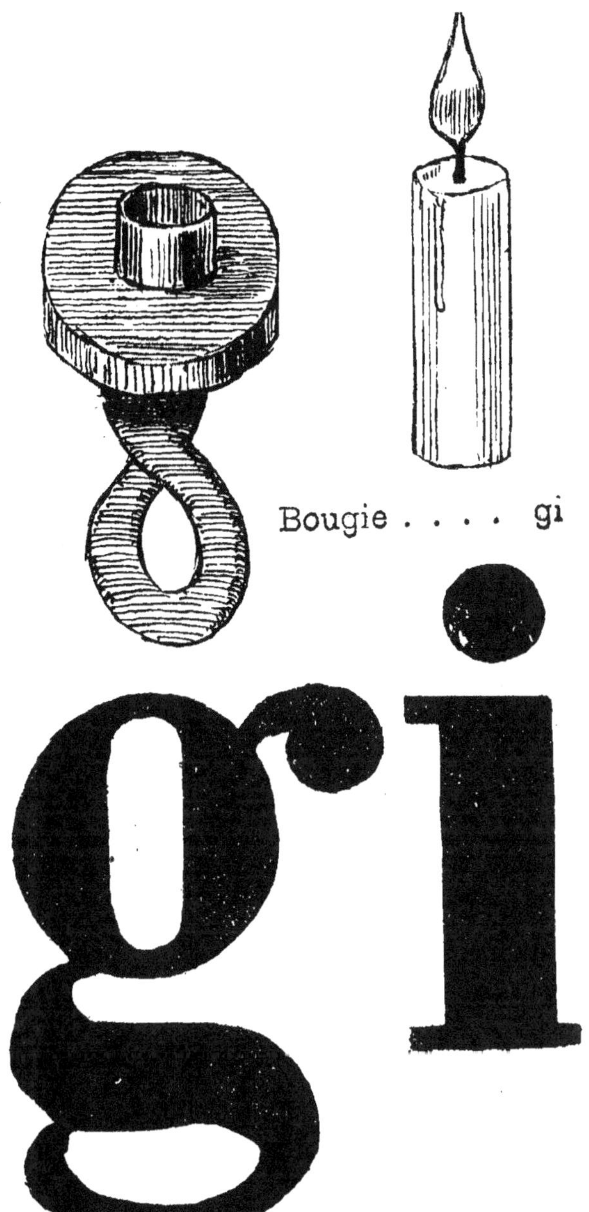

Bougie . . . . gi

g i

Casque

Le **casque** est une coiffure militaire de cuir bouilli ou de métal. Le casque est ordinairement garni, à sa partie postérieure, d'une touffe de crins provenant d'une queue de cheval.

On fera remarquer la disposition des objets de notre dessin en les comparant aux lettres correspondantes.

casque... que

APPLICATIONS

que, qué, quê	*que, qué, quê*
qua, qui, quo	*qua, qui, quo*
quoi, quan. quin	*quoi, quan, quin*

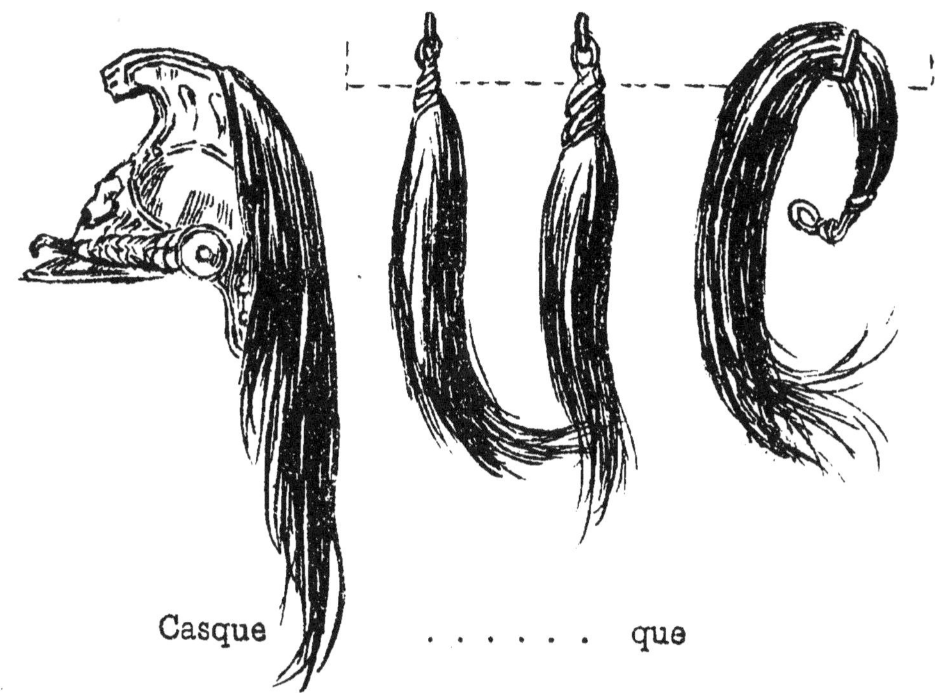

Casque . . . . que

que

Figues

La figue fraîche est un fruit qui, par sa forme, ressemble un peu à la poire, mais dont la peau est très ridée.

La figue se conserve en boîte après avoir été aplatie.

On fera remarquer la disposition des objets de notre dessin en les comparant aux lettres correspondantes.

figue... gue

APPLICATIONS

gue, gué, guè, guê	*gue, gué, guè, guê*
gua, gui	*gua, gui*
guan, guin, guon	*guan, guin, guon*

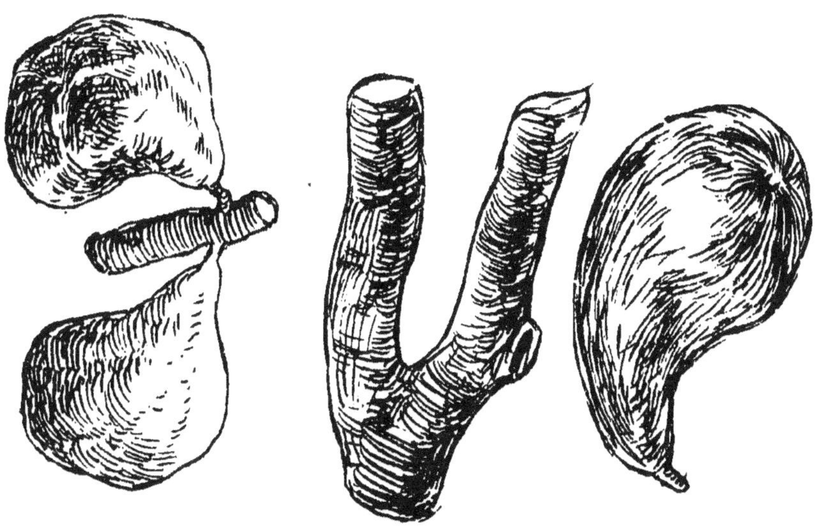

Figues. . . . . gue

gue

Poing

La main fermée se nomme **poing**.

Il serait très mal, en jouant avec ses camarades, de se quereller avec eux et de les rudoyer à coups de poings. Un enfant bien élevé ne se laisse jamais emporter jusqu'à se battre avec ses condisciples.

poing... oin

EQUIVALENCES

oin, ouin ‖ *oin, ouin*

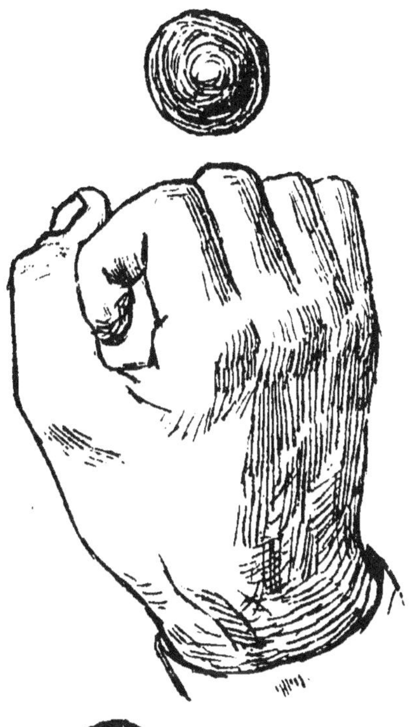

Poing. .　　. . . . . oin

oin

Lien du Chien

On appelle **lien** toute corde ou chaîne, etc., qui attache et retient.

On fera remarquer la disposition des objets de notre dessin, en les comparant aux lettres correspondantes. On fera particulièrement observer, que les clous dont le collier est garni indiquent que cet objet est destiné au chien.

lien... ien == *ien*

Nota. — Ce composé **ien** se prononce ainsi : **i in** au commencement et à la fin des mots.

Lien du Chien . . . . ien

ien

Paris. — Imp. E. BERNARD & Cie, 71, rue La Condamine